Anton Pavlovitch Tchekhov

# Une demande en mariage

Texte et illustration de couverture : © domaine public
Edition : Culturea (Hérault, 34)
Contact : infos@culturea.fr
Retrouvez notre catalogue sur http://culturea.fr
Imprimé en Allemagne par Books on Demand
Design typographique : Derek Murphy
Layout : Reedsy (https://reedsy.com/)

Dépôt légal : janvier 2023


ISBN : 9791041915026

# Table des matières

# PERSONNAGES

TCHOUBOUKOV STEPAN STEPANOVITCH, propriétaire.

NATALIA STEPANOVNA, sa fille, vingt-cinq ans.

LOMOV IVAN VASSILIEVITCH, voisin de Tchouboukov, propriétaire foncier. – Bien portant, en bonne chair, s'écoutant beaucoup.

*L'action se passe dans la propriété de Tchouboukov.*

# Scène première

Un salon dans la maison de Tchouboukov.

TCHOUBOUKOV, LOMOV, *ce dernier en habit et gants blancs.*

TCHOUBOUKOV, *venant à la rencontre de Lomov.* – Mon mignon, que vois-je ? Ivan Vassilievitch ! Tout à fait heureux ! (*Il lui serre la main.*) En voilà vraiment une surprise, mon vieux !...Comment allez-vous ?

LOMOV. – Je vous remercie. Et vous, comment vous portez-vous ?

TCHOUBOUKOV. – Nous allons tout doucement, mon ange, grâce à vos prières, et ainsi de suite. Asseyez-vous, je vous en prie de la façon la plus instante... C'est mal, vraiment, d'oublier ses voisins. Mon mignon, mais pourquoi venez-vous si officiellement ? En habit ? Gants blancs et ainsi de suite. Vous allez quelque part, mon bijou ?

LOMOV. – Non, je ne viens que chez vous, estimable Stepan Stepanovitch...

TCHOUBOUKOV. – Alors pourquoi en habit, mon charmant ? Tout comme au jour de l'an, pour les visites !

LOMOV. – Voilà ce qu'il y a. (*Il le prend sous le bras.*) Je viens chez vous, estimable Stepan Stepanovitch, pour vous importuner d'une demande. J'ai eu l'honneur plus d'une fois de faire appel à votre aide, et toujours vous...comment dire...mais excusez-moi, je suis agité... je vais boire un verre d'eau, estimable Stepan Stepanovitch.

Il boit de l'eau.

TCHOUBOUKOV, *à part*. – Il vient m'emprunter de l'argent ! Je n'en donnerai pas ! (à *Lomov.*) De quoi s'agit-il, mon beau ?

LOMOV. – Voyez-vous, Ouvajaï Stepanovitch... pardon... Stepan Ouvajaïévitch... je suis à vrai dire extrêmement agité, comme vous devez le voir[1]. Bref, vous seul pouvez m'aider, bien qu'assurément je ne l'aie mérité en rien et...et que je n'aie pas le droit de compter sur votre aide...

TCHOUBOUKOV. – Ah ! n'allez pas chercher si loin, mon vieux. Parlez !...Alors ?

LOMOV. – Tout de suite. Une minute...Il y a que je suis venu demander la main de votre fille, Natalia Stepanovna.

TCHOUBOUKOV, *joyeusement*... – Maman ! Ivan Vassilievitch ! Répétez ; je n'ai pas bien entendu !

LOMOV. – J'ai l'honneur de demander...

TCHOUBOUKOV, *l'interrompant*. – Mon mignon...Je suis si content et ainsi de suite. Comme je vous le dis, et ainsi de suite. (*Il l'étreint et le baise.*) Je désirais cela depuis longtemps. C'était mon constant désir. (*Il laisse couler une larme.*) Et je vous ai toujours aimé, mon ange, comme mon propre fils. Que Dieu vous donne à tous les deux amour, accord, et ainsi de suite. Je l'ai beaucoup désiré... Qu'ai-je à rester planté, comme une bûche ? Je suis démonté par la joie, tout à fait démonté. Oh ! je suis de tout cœur !...Je vais appeler Natalia, et autres choses semblables.

---

[1] Lomov est si agité qu'il vient de se tromper comme on l'a remarqué, et de façon amusante, sur le nom de Stepan Stepanovitch. (N. d. T.)

LOMOV, *ému*. – Estimable Stepan Stepanovitch, pensez-vous que je puisse espérer son consentement ?

TCHOUBOUKOV. – Un si beau garçon, dans la force du mot, et... elle ne consentirait pas ! Je parie qu'elle est amoureuse comme une chatte, et ainsi de suite. À l'instant !

*Il sort.*

# Scène II



LOMOV. – J'en ai froid… Je suis tout tremblant comme avant un examen. Le principal est qu'il faut se décider. Si l'on pense longtemps, si l'on hésite, si l'on en parle trop, si l'on attend l'idéal, ou le véritable amour, l'on ne se marie jamais… Brr ! j'en ai froid ! Natalia Stepanovna est une excellente maîtresse de maison, pas laide, instruite… que me faut-il de plus ? Pourtant je suis si agité que les oreilles me bourdonnent… (*Il boit de l'eau.*) Je ne peux pas ne pas me marier… D'abord j'ai déjà trente-cinq ans, âge, comme on dit, critique. Deuxièmement, j'ai besoin d'une vie normale, régulière… J'ai une maladie de cœur ; j'ai de continuels battements de cœur ; je suis irascible et je m'agite toujours… Voici que mes lèvres tremblent, et je sens un tiraillement à ma paupière droite… Mais ce qu'il y a de plus terrible en moi, c'est le sommeil. À peine me couché-je et commencé-je à m'endormir, que tout à coup, quelque chose, tic ! se déplace dans le côté gauche, et cela me répond droit dans l'épaule et dans la tête… Je saute comme un fou, je marche un peu ; je me couche de nouveau ; mais à peine recommencé-je à m'endormir que, dans le côté gauche, cela reprend : tic…! Et ainsi une vingtaine de fois.

# Scène III

NATALIA STEPANOVNA, LOMOV

NATALIA STEPANOVNA, *entrant*. – Ah ! tiens ! C'est vous ! Et papa qui me dit : va, il y a un marchand qui veut de la marchandise. Bonjour, Ivan Vassilievitch !

LOMOV. – Bonjour, estimée Natalia Stepanovna !

NATALIA STEPANOVNA. – Pardon, j'ai mon tablier et ne suis pas en toilette. Nous trions des petits pois pour les faire sécher. Pourquoi, depuis si longtemps, n'êtes-vous pas venu à la maison ? Asseyez-vous... (*Ils s'asseyent.*) Voulez-vous déjeuner ?

-

LOMOV. – Non, merci, j'ai déjà mangé.

NATALIA STEPANOVNA. – Fumez... Voici des allumettes...Le temps est magnifique, et hier il tombait une si forte pluie que les ouvriers n'ont rien fait de la journée. Combien avez-vous fauché de meules ? Figurez-vous que je me suis piquée au jeu et ai fait faucher toute la prairie ; à présent, je n'en suis pas fière ; j'ai peur que le foin ne pourrisse. Il aurait mieux valu attendre. Mais qu'est-ce là ? Vous êtes, il me semble, en habit ? En voilà une nouveauté ! Allez-vous au bal ? Par parenthèse, vous avez embelli... Vraiment, pourquoi êtes-vous si élégant ?

LOMOV, *s'agitant*. – Voyez-vous, estimée Natalia Stepanovna...il se fait que j'ai résolu de vous prier de m'écouter...As-

"

surément, vous serez étonnée et, même, vous vous fâcherez, mais je…*(À part.)* J'ai terriblement froid !

NATALIA STEPANOVNA. – Qu'y a-t-il ? *(Un temps.)* Allons ?

LOMOV. – Je tâcherai d'être bref. Vous savez, estimée Natalia Stepanovna, que depuis longtemps, depuis mon enfance, j'ai l'honneur de connaître votre famille. Feu ma tante et son époux, dont, vous le savez, j'ai hérité une terre, avaient toujours eu une profonde estime pour votre père et pour feu votre mère. Les familles Lomov et Tchouboukov furent toujours dans les relations les plus amicales, on peut, en quelque sorte, dire des relations de parenté ! Et, comme vous daignez le savoir, ma terre touche étroitement la vôtre. Si vous daignez vous le rappeler, mes Petits-Prés-aux-Bœufs jouxtent votre bois de bouleaux.

NATALIA STEPANOVNA. – Pardon, si je vous interromps ; vous dites « mes Petits-Prés-aux-Bœufs »…Est-ce qu'ils sont à vous ?

LOMOV. – À moi, mademoiselle…

NATALIA STEPANOVNA. – Ah ! en voilà une bonne ! Les Petits-Prés-aux-Bœufs sont à nous, et pas à vous !

LOMOV. – Non, ils sont à moi, estimée Natalia Stepanovna.

NATALIA STEPANOVNA. – Voilà pour moi une nouveauté ! Comment sont-ils donc à vous ?

LOMOV. – Comment ?… Je parle des Petits-Prés-aux-Bœufs qui s'enfoncent en coin entre votre bois de bouleaux et le Marais brûlé.

NATALIA STEPANOVNA. – Mais oui, oui…Ils sont à nous.

LOMOV. – Non, vous faites erreur, estimée Natalia Stepanovna, ils sont à moi.

NATALIA STEPANOVNA. – Que dites-vous, Ivan Vassilievitch ? Y a-t-il longtemps qu'ils sont devenus vôtres ?

LOMOV. – Comment, longtemps ? D'aussi loin qu'il me souvienne, ils ont toujours été à nous.

NATALIA STEPANOVNA. – Pour cela non, excusez-moi !

LOMOV. – Cela ressort d'un acte, estimée Natalia Stepanovna. Les Petits-Prés-aux-Bœufs furent, il est vrai, en litige dans le temps ; mais maintenant, il est connu de tous qu'ils sont à moi ; il n'y a pas à discuter là-dessus. Daignez écouter. La grand-mère de ma tante donna ces Petits-Prés-aux-Bœufs à jouir gratis et sans terme aux paysans du grand-père de votre père parce qu'ils avaient cuit des briques pour elle. Les paysans du grand-père de votre père jouirent gratis pendant quarante ans de ces Petits-Prés, et s'accoutumèrent à les considérer comme leurs ; mais au moment de l'Émancipation…

NATALIA STEPANOVNA. – Ce n'est pas du tout comme vous le racontez ! Mon grand-père et mon arrière-grand-père comptaient que leur terre s'étendait jusqu'au Marais brûlé ; autrement dit, les Petits-Prés-aux-Bœufs étaient à nous. Il n'y a pas à discuter là-dessus ; je ne le comprends pas. C'est même déplaisant !

LOMOV. – Je vous montrerai les actes, Natalia Stepanovna.

NATALIA STEPANOVNA. – Non, vous plaisantez, tout bonnement ; ou vous voulez me taquiner !… Quelle surprise ! Nous possédons cette terre depuis près de trois cents ans, et, tout à coup, on nous déclare qu'elle ne nous appartient pas ! Ivan Vassilievitch, excusez-moi, mais je n'en crois pas mes oreilles…Je ne tiens pas à ces Petits-Prés…Ils mesurent en tout cinq arpents, et ils valent quelque trois cents roubles ; mais l'injustice me révolte. Dites ce que bon vous semblera, mais je ne puis supporter l'injustice.

LOMOV. – Excusez-moi, je vous en supplie ! Les paysans du grand-père de votre père, comme j'ai déjà eu l'honneur de vous le dire, firent des briques pour la grand-mère de ma tante. La grand-mère de ma tante, voulant leur être agréable...

NATALIA STEPANOVNA. – Grand-père, grand-mère, tante...je n'y comprends rien...Les Petits-Prés sont à nous, voilà tout.

LOMOV. – Ils sont à moi, mademoiselle.

NATALIA STEPANOVNA. – à nous ! Quand vous essaieriez de le prouver pendant deux jours, quand vous mettriez quinze habits, ils sont à nous, à nous, à nous !...Je ne convoite pas votre bien, mais je ne veux pas perdre le mien...Prenez-le comme vous voudrez !

LOMOV. – Je n'ai pas besoin des Petits-Prés, Natalia Stepanovna, mais c'est par principe ; si vous les voulez, permettez-moi de vous les offrir.

NATALIA STEPANOVNA. – Je peux, moi-même, vous les offrir : ils sont à moi ! Tout cela est au moins étrange, Ivan Vassilievitch ! Jusqu'à présent, nous vous comptions pour un bon voisin, un ami. Nous vous avions prêté l'année passée notre machine, et, à cause de cela, nous avons eu à battre notre blé jusqu'en novembre ; et vous vous conduisez avec nous comme avec des bohémiens. Vous me faites présent de ma propre terre. Excusez, ce n'est pas agir en voisin ; selon moi, c'est même de l'impudence...

LOMOV. – Selon vous, je suis donc un usurpateur ? Mademoiselle, je ne me suis jamais approprié les terres d'autrui et je ne permettrai à personne de m'en accuser. (*Il va rapidement vers la carafe et boit de l'eau.*) Les Petits-Prés-aux-Bœufs sont à moi !

NATALIA STEPANOVNA. – Ce n'est pas la vérité, ils sont à nous !

LOMOV. – À moi !

NATALIA STEPANOVNA. – Ce n'est pas vrai ! Et je vous le prouverai ! Je vais envoyer dès aujourd'hui mes faucheurs sur ces prés !

LOMOV. – Quoi ?

NATALIA STEPANOVNA. – Aujourd'hui même, mes faucheurs y seront !

LOMOV. – Je les chasserai en leur flanquant…

NATALIA STEPANOVNA. – Vous n'oserez pas !

LOMOV, *portant la main à son cœur.* – Les Petits-Prés-aux-Bœufs sont à moi ! Comprenez-vous ? À moi !

NATALIA STEPANOVNA. – Ne criez pas, je vous prie ! Vous pouvez crier et vous érailler la voix de colère, chez vous, mais, ici, je vous prie de ne pas dépasser les bornes !

LOMOV. – N'était, mademoiselle, cet effroyable, ce douloureux battement de cœur, si mes artères ne battaient pas dans mes tempes, je vous parlerais autrement. (*Il crie.*) Les Petits-Prés-aux-Bœufs sont à moi !

NATALIA STEPANOVNA. – À nous !

LOMOV. – À moi !

NATALIA STEPANOVNA. – à nous !

LOMOV. – À moi !

# Scène IV

LES MÊMES et TCHOUBOUKOV

TCHOUBOUKOV, *entrant.* – Qu'y a-t-il ? Pourquoi criez-vous ?

NATALIA STEPANOVNA. – Papa, explique, s'il te plaît, à ce monsieur à qui appartiennent les Petits-Prés-aux-Bœufs : à nous ou à lui ?

TCHOUBOUKOV, *à Lomov.* – Mon poussin, les Petits-Prés sont à nous.

LOMOV. – Mais, de grâce, Stepan Stepanovitch, comment sont-ils à vous ? Soyez, vous, au moins, un homme raisonnable ! La grand-mère de ma tante a donné à jouir gratis et pour un temps les Prés aux paysans de votre grand-père ; les paysans en jouirent pendant quarante ans et s'accoutumèrent à eux comme à leur propre terre, mais au moment de l'Émancipation...

TCHOUBOUKOV. – Permettez, mon bijou. Vous oubliez que, précisément, les paysans ne payaient rien à notre grand-mère, et autres choses pareilles, parce que les Petits-Prés étaient en litige à ce moment-là, et ainsi de suite. Mais aujourd'hui, chaque chien sait à n'en pas douter qu'ils sont à nous. Vous n'avez donc pas vu le plan ?

LOMOV. – Je vous prouverai qu'ils sont à moi !

TCHOUBOUKOV. – Vous ne le prouverez pas, mon chéri.

LOMOV. – Si, je le prouverai !

TCHOUBOUKOV. – Pourquoi crier ainsi, mon bon ? En criant, vous ne prouverez précisément rien. Je ne veux rien du vôtre, mais je ne veux rien abandonner du mien. Pourquoi ferais-je des cadeaux ? Si vous en êtes là, mon aimé, et que vous avez l'intention de me disputer les Prés et ainsi de suite, je les donnerai plutôt aux paysans qu'à vous ! Et voilà !

LOMOV. – Je ne comprends pas quel droit vous auriez de faire cadeau de la propriété d'autrui ?

TCHOUBOUKOV. – Souffrez que je sache si j'en ai le droit ou non. Et précisément, jeune homme, je ne suis pas habitué à ce qu'on me parle sur un ton pareil, et ainsi de suite. Je suis, jeune homme, deux fois plus âgé que vous et vous prie de causer avec moi sans agitation et autres choses semblables.

LOMOV. – Non, vous me prenez tout bonnement pour un imbécile, et vous vous moquez de moi ! Vous appelez ma terre, votre terre, et vous voulez encore que je sois de sang-froid et que je parle avec vous humainement ! Les bons voisins n'en agissent pas ainsi, Stepan Stepanovitch ! Vous n'êtes pas un voisin, mais un usurpateur !

TCHOUBOUKOV. – Quoi ? Qu'avez-vous dit ?

NATALIA STEPANOVNA. – Papa, envoie tout de suite des faucheurs sur les Petits-Prés !

TCHOUBOUKOV, *à Lomov*. – Qu'avez-vous dit, monsieur ?

NATALIA STEPANOVNA. – Les Petits-Prés-aux-Bœufs sont à nous, et je ne céderai pas ; je ne les céderai pas, non !

LOMOV. – Nous verrons cela ! Je vous démontrerai en justice qu'ils sont à moi !

TCHOUBOUKOV. – En justice ? Vous pouvez saisir le tribunal, et autres choses pareilles ! Vous le pouvez ! Je vous connais ; vous cherchez précisément un prétexte pour plaider, et ainsi de suite…Nature de chicaneur ! Toute votre race était chicaneuse ! Toute !

LOMOV. – Je vous prie de ne pas insulter ma famille ! Dans la famille des Lomov, tous étaient honnêtes et il n'y en est pas un seul qui soit passé en jugement pour dilapidation, comme votre oncle.

TCHOUBOUKOV. – Dans la famille des Lomov, tous étaient fous !

NATALIA STEPANOVNA. – Tous, tous, tous !

TCHOUBOUKOV. – Votre grand-père buvait à en perdre la raison et votre plus jeune tante, Nastassia Mikhaïlovna, pour ne pas la nommer, s'est enfuie avec un architecte, et ainsi de suite.

LOMOV. – Et votre mère était contrefaite. (*Il porte la main à son cœur.*) Un élancement dans le côté…cela me bat dans la tête…Mes petits pères !…De l'eau !

TCHOUBOUKOV. – Votre père était un joueur et un goinfre.

NATALIA STEPANOVNA. – Et votre tante une cancanière comme il y en a peu.

LOMOV. – Je ne sens plus ma jambe gauche… Vous êtes un intrigant !… Oh ! mon cœur !… Et ce n'est un secret pour personne qu'avant les élections, vous avez tri… Je vois mille chandelles !…Où est mon chapeau ?

NATALIA STEPANOVNA. – C'est bas ! C'est malhonnête ! C'est malpropre !

TCHOUBOUKOV. – Et vous-même, précisément, vous êtes hypocrite et chipoteur. Oui, monsieur !

LOMOV. – Ah ! voilà mon chapeau… Mon cœur… Où al-
ler ? Où est la porte ? Oh…Il me semble que je vais mourir…Ma
jambe flageole.

*Il va vers la porte.*

TCHOUBOUKOV, *derrière lui.* – Et ne remettez jamais
plus les pieds dans ma maison !

NATALIA STEPANOVNA. – Allez en justice ! Nous verrons !

*Lomov sort en chancelant.*

# Scène V

TCHOUBOUKOV, NATALIA STEPANOVNA

TCHOUBOUKOV. – Qu'il aille au diable !

*Il marche avec agitation.*

NATALIA STEPANOVNA. – Quel misérable ! Et croyez après cela aux bons voisins !

TCHOUBOUKOV. – Coquin ! Épouvantail à moineaux !

NATALIA STEPANOVNA. – Ce monstre ! Il s'est approprié une terre et ose encore déblatérer.

TCHOUBOUKOV. – Et ce farfadet-là, avec un aveuglement sans pareil, osait encore faire une demande, et ainsi de suite. Hein ! une demande !

NATALIA STEPANOVNA. – Quelle demande ?

TCHOUBOUKOV. – Comment donc ! Il venait te faire une demande en mariage !

NATALIA STEPANOVNA. – Une… demande ?… Pourquoi ne m'as-tu pas dit cela plus tôt ?

TCHOUBOUKOV. – Et il s'était mis en habit pour cela ! Espèce de saucisse ! Morille !

NATALIA STEPANOVNA. – À moi ? Une demande en mariage ?… Ah ! *(Elle tombe dans un fauteuil et gémit.)* Faites-le revenir ! Revenir ! Ah ! revenir !

TCHOUBOUKOV. – Qui faire revenir ?

NATALIA STEPANOVNA. – Vite ! vite ! Je me trouve mal !
Faites-le revenir !

*Elle a une crise de nerfs.*

TCHOUBOUKOV. – Quoi ? Qu'est-ce qui te prend ? (*Il se saisit la tête.*) Je suis un malheureux. Je me tuerai ! Je me pendrai ! On me martyrise !

NATALIA STEPANOVNA. – Je meurs ! Faites-le revenir !

TCHOUBOUKOV. – Si ce n'est pas malheureux ! (*Il crache de dépit.*) Tout de suite, ne braille pas !

*Il sort.*

NATALIA STEPANOVNA, *seule, elle gémit.* – Qu'avons-nous fait ? Qu'il revienne ! Qu'il revienne donc...

TCHOUBOUKOV, *rentrant en courant.* – Il revient tout de suite, et ainsi de suite. Que le diable l'emporte ! Ouf ! Parle-lui toi-même ; moi, précisément, je n'y tiens pas.

NATALIA STEPANOVNA, *gémissant.* – Faites-le revenir !

TCHOUBOUKOV, *criant.* – Il vient, on te dit ! Ah ! quel malheur, mon Dieu, d'être père d'une grande fille ! Je me couperai le cou ; j'y serai contraint ! On l'a insulté, bafoué, chassé, et c'est toi qui as tout fait...toi !

NATALIA STEPANOVNA. – Non, c'est toi !

TCHOUBOUKOV. – C'est encore ma faute, précisément ! (*Lomov apparaît à la porte.*)... Bon ! parle-lui toi-même.

*Il sort.*

# Scène VI

NATALIA STEPANOVNA *et* LOMOV

LOMOV, *il entre très déprimé.* – J'ai un battement de cœur terrible…J'ai perdu l'usage de ma jambe…J'ai des élancements dans le côté…

NATALIA STEPANOVNA. – Excusez-nous, nous nous sommes emportés, Ivan Vassilievitch…Il m'en souvient maintenant : les Petits-Prés-aux-Bœufs sont vraiment à vous.

LOMOV. – Mon cœur bat terriblement…Mes Petits-Prés… Les deux yeux me papillotent…

NATALIA STEPANOVNA. – Les Petits-Prés sont à vous, à vous…Asseyez-vous. *(Ils s'asseyent.)* Nous avions tort…

LOMOV. – C'est par principe…Je ne tiens pas à la terre ; c'est le principe…

NATALIA STEPANOVNA. – Précisément, le principe…Tenez, parlons d'autre chose.

LOMOV. – D'autant plus que j'ai des preuves. La grand-mère de ma tante avait donné aux paysans du grand-père de votre père…

NATALIA STEPANOVNA. – Assez parlé de cela, assez…*(À part.)* Je ne sais par où commencer… *(À Lomov.)* Irez-vous bientôt à la chasse ?

LOMOV. – Des coqs de bruyère, estimée Natalia Stepanovna ? Je crois commencer dès que les blés seront coupés. Ah !

avez-vous entendu dire cela ? figurez-vous quel malheur j'ai
eu !…Mon Ougadaï, que vous daignez connaître, boite.

NATALIA STEPANOVNA. – Quel dommage ! Et pourquoi
donc ?

LOMOV. – Je ne sais…Il s'est sans doute foulé la patte ou
les autres chiens l'ont mordu…*(il soupire.)* Mon meilleur chien,
sans parler de ce qu'il a coûté. Je l'ai payé cent vingt-cinq
roubles à Mironov.

NATALIA STEPANOVNA. – Vous l'avez payé trop cher,
Ivan Vassilievitch !

LOMOV. – Selon moi, c'est très bon marché. Un chien magnifique !

NATALIA STEPANOVNA. – Papa a donné pour son Otkataï quatre-vingt-cinq roubles, et Otkataï est bien meilleur que
votre Ougadaï !

LOMOV. – Otkataï, meilleur qu'Ougadaï ? Croyez-vous !…
*(Il rit.)* Otkataï meilleur qu'Ougadaï !

NATALIA STEPANOVNA. – Évidemment, meilleur ! Otka-
taï est jeune, c'est vrai ; ce n'est pas encore un chien fait ; mais
pour les formes et les allures, il n'y a pas mieux, même chez
Voltchaniétski.

LOMOV. – Permettez, Natalia Stepanovna, mais vous oubliez qu'il a la mâchoire courte, et un chien qui a la mâchoire
courte a toujours peu de prise.

NATALIA STEPANOVNA. – J'entends cela pour la pre-
mière fois ! La mâchoire courte !

LOMOV. – Je vous assure qu'il a la mâchoire inférieure
plus courte que l'autre.

NATALIA STEPANOVNA. – Vous l'avez mesurée ?

LOMOV. – Je l'ai mesurée... Pour courre une bête, il est
bon ; mais pour la prendre, je doute qu'il le puisse...

NATALIA STEPANOVNA. – Tout d'abord notre Otkataï est
à poils longs ; il est fils de Zapriagaï et de Stameska ; quant à
votre jaune-pie, on ne peut en définir la race ;...puis il est vieux
et laid comme une rosse...

LOMOV. – Vieux ! mais je n'accepterais pas cinq de vos
Otkataï à sa place !...Cela se peut-il ?...Ougadaï est un chien, et
Otkataï... il est même risible d'en parler. Des chiens comme
votre Otkataï, chaque piqueur en a, en veux-tu, en voilà ; vingt-
cinq roubles, il serait bien payé.

NATALIA STEPANOVNA. – Vous êtes, Ivan Vassilievitch,
possédé aujourd'hui du démon de la contradiction. D'abord
vous imaginez que les Petits-Prés sont à vous, puis qu'Ougadaï
est meilleur qu'Otkataï. Je n'aime pas que les gens disent ce
qu'ils ne pensent pas...Vous savez parfaitement qu'Otkataï vaut
cent fois mieux que votre...imbécile d'Ougadaï. Pourquoi, alors,
dire le contraire ?

LOMOV. – Je vois, Natalia Stepanovna, que vous me prenez pour un aveugle, ou un imbécile. Mais comprenez bien que
votre Otkataï a la mâchoire courte.

NATALIA STEPANOVNA. – Ce n'est pas vrai !

LOMOV. – Il a la mâchoire courte !

NATALIA STEPANOVNA, *criant.* – Ce n'est pas vrai !

LOMOV. – Pourquoi criez-vous, mademoiselle ?

NATALIA STEPANOVNA. – Pourquoi dites-vous des ab-
surdités ? C'est révoltant ! Il est temps de donner un coup de fusil à Ougadaï, et vous le comparez à Otkataï.

LOMOV. – Excusez, je ne puis continuer cette dispute. J'ai
un battement de cœur...

NATALIA STEPANOVNA. – J'ai remarqué que les chasseurs qui discutent le plus sont ceux qui s'y entendent le moins.

LOMOV. – Mademoiselle, je vous prie de vous taire…Mon cœur éclate…(*Il crie.*) Taisez-vous !

NATALIA STEPANOVNA. – Je ne me tairai pas tant que vous ne conviendrez pas qu'Otkataï est cent fois meilleur que votre Ougadaï !

LOMOV. – Cent fois pire ! Qu'il crève, votre Otkataï !… Mes tempes…mon œil…mon épaule…

NATALIA STEPANOVNA. – Votre bête de chien n'a pas besoin de crever ; il est déjà fourbu sans cela.

LOMOV, *pleurant.* – Taisez-vous ! J'ai une rupture d'anévrisme !

NATALIA STEPANOVNA. – Je ne me tairai pas !

# Scène VII



LES MÊMES *et* TCHOUBOUKOV

TCHOUBOUKOV. – Qu'est-ce qu'il y a encore ?

NATALIA STEPANOVNA. – Papa, dis sincèrement, en toute conscience, quel chien est meilleur, notre Otkataï ou son Ougadaï ?

LOMOV. – Stepan Stepanovitch, je vous en supplie, ne dites que cela : votre Otkataï a-t-il la mâchoire courte ou non ? Oui ou non ?

TCHOUBOUKOV. – Et si même cela était ? Quelle importance ! Il n'y a pas de meilleur chien dans tout le district.

LOMOV. – Mais, voyons, mon Ougadaï est mieux, en toute conscience !

TCHOUBOUKOV. – Ne vous agitez pas, mon bijou... Permettez !... Votre Ougadaï a précisément ses qualités... Il est de pure race, les pattes solides, rond des côtes, et ainsi de suite. Mais ce chien-là, si vous voulez le savoir, a deux défauts capitaux : il est vieux et il a le museau court.

LOMOV. – Excusez, j'ai des battements de cœur... Venons-en aux faits ! Veuillez vous rappeler que dans les Herbes de Maroussine, mon Ougadaï allait oreille à oreille avec les Razmakhaï du comte, et votre Otkataï était à une verste en arrière.

TCHOUBOUKOV. – Il était resté en arrière parce que le piqueur du comte l'avait frappé avec son fouet.

LOMOV. – Et pour cause ! Tous les chiens couraient le renard, et Otkataï s'était mis à rouler un mouton.

TCHOUBOUKOV. – Ce n'est pas vrai, monsieur ! Mon poussin, je suis vif ; aussi, précisément, je vous prie de cesser cette dispute. Il l'a frappé parce que chacun est jaloux du chien d'autrui. Oui ! Chacun est jaloux ! Et vous-même, messire, êtes-vous sans péché ? À peine, précisément, remarquez-vous qu'un chien est meilleur que votre Ougadaï, vous commencez à dire ceci, cela, et autres choses pareilles… Voyez, je me souviens de tout !

LOMOV. – Et moi aussi, je me souviens !

TCHOUBOUKOV, *l'imitant.* – « Et moi aussi, je me souviens ! » Et de quoi vous souvenez-vous ?

LOMOV. – J'ai des palpitations… Ma jambe refuse le service… Je ne peux pas.

NATALIA STEPANOVNA, *l'imitant.* – « J'ai des palpitations… » Quel chasseur faites-vous ! Vous n'avez qu'à rester couché sur le poêle de la cuisine à écraser les blattes, et non pas à courre le renard. « Des palpitations ! »

TCHOUBOUKOV. – C'est vrai, quel chasseur êtes-vous ? Avec vos palpitations, précisément, il faut rester à la maison, et non pas vous trimballer sur une selle ! Si encore vous chassiez, mais vous n'allez à la chasse que pour discuter et empêcher les chiens des autres, et ainsi de suite !… Je suis emporté ; laissons ce discours… Vous n'êtes précisément pas du tout un chasseur !

LOMOV. – Et vous… l'êtes-vous ? Vous n'allez à la chasse que pour vous faire bien voir du comte et intriguer… Ah ! mon cœur… Vous êtes un intrigant !

TCHOUBOUKOV. – Quoi ? je suis un intrigant ! *(il crie.)* Taisez-vous !

LOMOV. – Un intrigant !

TCHOUBOUKOV. – Gamin ! Morveux !

LOMOV. – Vieux rat ! Jésuite !

TCHOUBOUKOV. – Tais-toi ou je te tue avec un mauvais fusil comme un perdreau ! Freluquet !

LOMOV. – Chacun sait que…oh ! mon cœur…votre femme vous battait… Ma jambe… Mes tempes… Je vois mille chandelles…Je défaille, je tombe !

TCHOUBOUKOV. – Et toi, tu es sous la pantoufle de ta gouvernante !

LOMOV. – Voilà, voilà, voilà… Mon cœur s'est rompu !… Mon épaule s'est détachée…Où est mon épaule ? Je meurs. *(Il tombe dans un fauteuil.)* Un docteur !

*Il s'évanouit.*

TCHOUBOUKOV. – Béjaune ! Nourrisson ! Gringalet ! Je me trouve mal ! *(Il boit de l'eau.)* Je me trouve mal !

NATALIA STEPANOVNA. – Quel chasseur êtes-vous ? Vous ne savez pas même vous tenir à cheval ! *(À son père.)* Papa, qu'a-t-il ? Papa, regarde, papa ! *(Elle jette des cris.)* Ivan Vassilievitch ! Il est mort !

TCHOUBOUKOV. – Je me trouve mal !…J'ai la respiration coupée…De l'air !

NATALIA STEPANOVNA. – Est-il mort ? *(Elle tire Lomov par la manche.)* Ivan Vassilievitch ! Ivan Vassilievitch ! Qu'avons-nous fait ? Il est mort ! *(Elle tombe dans un fauteuil.)* Un docteur…Un docteur !

*Crise de nerfs.*

TCHOUBOUKOV. – Oh !…Qu'y a-t-il ? Que veux-tu ?

NATALIA STEPANOVNA, *gémissant.* – Il est mort !... Il est mort !

TCHOUBOUKOV. – Qui est mort ? (*Ayant regardé Lomov.*) Il est vraiment mort ! Seigneur, Seigneur ! De l'eau ! Un docteur ! (*Il approche un verre de la bouche de Lomov.*) Buvez... Non, il ne boit pas... C'est donc qu'il est mort, et autres choses pareilles ! Je suis le plus malheureux des hommes ! Pourquoi ne me logé-je pas une balle dans le front ? Pourquoi, jusqu'à ce jour, ne me suis-je pas coupé la gorge ? Qu'est-ce que j'attends ? Donnez-moi un couteau ; donnez-moi un pistolet ! (*Lomov remue.*) Il ressuscite, je crois... Buvez de l'eau !... C'est cela...

LOMOV. – Je vois mille chandelles... du brouillard... Où suis-je ?

TCHOUBOUKOV. – Mariez-vous au plus vite... et allez au diable ! Elle consent !...(*Il joint la main de Lomov et celle de sa fille*) Elle consent, et autres choses pareilles. Je vous bénis, et ainsi de suite. Mais laissez-moi en paix !

LOMOV, *se levant.* – Quoi ? qui ?

TCHOUBOUKOV. – Elle consent ! Allons, embrassez-vous, et...allez au diable !

NATALIA STEPANOVNA, *elle gémit.* – Il est vivant ?... Oui, oui, je consens...

TCHOUBOUKOV. – Embrassez-vous !

LOMOV. – Hein ? qui ? (*Il embrasse Natalia Stepanovna.*) Très agréable... Permettez, qu'y a-t-il ? Ah ! je me rappelle... Mon cœur... Mille chandelles... Je suis heureux, Natalia Stepanovna...(*Il lui baise la main.*) Je ne sens plus ma jambe !...

NATALIA STEPANOVNA. – Je...je suis heureuse aussi.

TCHOUBOUKOV. – Je me sens un poids de moins...Ouf !

NATALIA STEPANOVNA. – Mais… cependant, convenez, au moins maintenant, qu'Ougadaï est moins bien qu'Otkataï ?

LOMOV. – Il est meilleur !

NATALIA STEPANOVNA. – Pire !

TCHOUBOUKOV. – Voilà le bonheur conjugal qui commence ! Du champagne !

LOMOV. – Meilleur !

NATALIA STEPANOVNA. – Pire ! pire ! pire !

TCHOUBOUKOV, *tâchant de crier plus fort*. – Du champagne ! Du champagne !

RIDEAU